Dr. med. Claudia Croos-Müller

Alles Liebe
Das kleine Überlebensbuch

Soforthilfe bei Kummer, Kränkungen und weiteren Unfreundlichkeiten

Mit Illustrationen von Kai Pannen

KÖSEL

12 Soforthilfe-Übungen für Freundlichkeit, Liebe und Mitgefühl für dich und deine Mitmenschen

In diesem Buch findest du folgende Übungen:

1 Hände streicheln

2 Sich hin- und herwiegen

3 Augen leuchten

4 Die Lippen berühren

5 Die Faust öffnen

6 Lächeln

7 Das Herz berühren

8 Küssen

9 Die Welt umarmen

10 Nacken und Schläfen streicheln

11 Auswerfen

12 Im Gleichschritt gehen

Warum dir die Übungen helfen

Diese kleinen Körperübungen sind »Neben-bei-Körperübungen« für Liebe und Mitgefühl. Die kannst du immer mal schnell machen, einfach so, zwischendurch, unauffällig, ohne großen Aufwand.
Das Besondere an ihnen: Sie beeinflussen sofort deine Gefühle, deine Gedanken und dein Tun.
Alle Theorie ist grau. Und gute Ratschläge sind leichter gesagt als getan. Aber freundliche Körperübungen werden von deinem Gehirn sofort verstanden und übersetzt.
Die Übungen machen dich

- liebenswerter und liebenswürdiger,
- liebevoller und mitfühlender,
- fürsorglicher und freundlicher,

dir selbst und allen anderen gegenüber.

Zusammengefasst:

Du wirst das Leben mehr lieben.
Und das ist die wahre Liebe!

Die BODY 2 BRAIN CCM® Methode: Körperübungen für das Gehirn

Im Guten wie im Schlechten: Ohne deinen Körper erlebt dein Gehirn nichts und kann dadurch auch keine Gefühle entwickeln. Wenn dich zum Beispiel jemand freundlich oder tröstend berührt oder liebevoll anschaut (Körpererlebnis), wird dich das beruhigen oder froh machen (Gehirnreaktion), also zu guten Gefühlen führen. Und wenn du freundlich und liebevoll handelst, wird das nicht nur auf andere Menschen wohltuend wirken, sondern zuerst und vor allem dein Lebensgefühl und deine Liebesfähigkeit dir und der Welt gegenüber stärken.

- Mit den BODY 2 BRAIN Körperübungen kannst du bei dir gezielt für gute Gefühle sorgen.
- Unabhängig von äußeren Umständen kannst du dich in einen Liebes-Modus bringen.
- Bereits die Erinnerung oder die Gedanken an einzelne Body2Brain-Übungen können in deinem Gehirn durch Nervenverbindungen zu einem Gefühl von Freude, Zuneigung oder Mitgefühl führen.

Die BODY 2 BRAIN Liebesübungen trainieren deine freundlichen und liebevollen Fähigkeiten für dich und deine Mitmenschen.

Mit Embodiment, der Wechselwirkung zwischen Körper und Psyche, beschäftigen sich auch die Kognitionswissenschaften schon seit Längerem. Mit den BODY 2 BRAIN Übungen bist du also up to date.

Du bist nicht allein:
Vier liebevolle Freunde als treue Begleiter

Die ersten liebevollen Begleiter in deinem Leben waren im Idealfall deine Eltern. Außerdem hattest du noch ein Lieblingstier oder eine Lieblingspuppe, die dich getröstet haben, wenn du dich allein gefühlt hast, und die du dafür auch heiß geliebt hast. Erinnerst du dich noch an sie? So eine treue Liebe wäre auch heute noch manchmal Balsam auf deinen Wunden, die ein liebloser Alltag dir verpasst hat. Und dein Inneres Kind (ein Begriff aus der Psychologie für Kindheitserfahrungen und Kindheitsverhalten) kann immer gefühlvolle Beschützer brauchen.
Freunde dich mit den vier Gute-Laune-Schafen Oscar, Emily, Willy und Marie an. Sie sind Großmeister der BODY 2 BRAIN Methode, dicke Freunde und – am wichtigsten: Sie kennen sich aus mit der richtigen Liebe.
Lass dich von ihnen betreuen – im BODY 2 BRAIN Fitnessstudio für Liebe und Mitgefühl.

Wie du dieses Buch (be)nützen kannst

Falls irgendein freundlicher Mensch dir dieses Büchlein schenkt: Er wird schon seine Gründe dafür haben. Fang deshalb am besten auch gleich an, darin zu lesen und die Übungen zu machen. Vielleicht brauchst du ja ein wenig Nachhilfe in Sachen Liebe. Aber selbst wenn du schon Experte bist: Man kann immer noch etwas dazulernen.

- Stell dir aus den folgenden Body2Brain-Übungen dein Lieblingsprogramm zusammen.
- Und was für jedes Fitnessprogramm gilt – egal, ob für deine Muskeln oder für dein Gehirn und deine Gefühle: Je öfter und regelmäßiger du übst, desto wirkungsvoller.
- Beginne beim Aufstehen, denn ein guter und liebevoller Tag fängt morgens an.
- Mach mehrfach am Tag eine Übung zum liebenswürdigen Durchhalten.
- Lies abends weiter und probiere eine neue Übung.
- Dreimal am Tag, wie eine Medizin eingenommen.

Und als Geschenk für deine Freunde ist dieses Buch, wie jede kleine Aufmerksamkeit, auch ein schöner Liebesbeweis.

Warum du dieses Buch (be)nützen sollst

Immer dann,

- wenn du glaubst, dass dich niemand mag,
- wenn du das Gefühl hast, alle schauen dich schief an,
- wenn dich eine Kränkung selbst nach Tagen noch schmerzt,
- wenn du dich selbst nicht leiden kannst,
- wenn dich ein Gefühl von großer Einsamkeit beschleicht,
- wenn Rachegedanken oder ein Tränenmeer dich überfluten,

spätestens dann solltest du unbedingt deinen inneren Seelenfrieden wiederherstellen.
Wie? Ganz einfach: Mach ein paar der liebevollen Übungen, die Oscar, Emily, Willy und Marie dir auf den folgenden Seiten zeigen.
Sie meinen es gut mit dir.

Deine beste Lebensversicherung ist eine liebevolle Einstellung zum Leben.
Dein Schutzschild der Liebe beschützt dich selbst vor lieblosen Ungeheuern.
Du kannst damit aber auch andere beschützen vor den kleinen und großen Unfreundlichkeiten des Alltags.

Was du über die Liebe wissen solltest

Liebe ist ein starkes Gefühl. Aber auch eine Frage der Perspektive.
Verliebtheit und romantische Liebe sind bekanntlich oft nicht besonders nachhaltig.
Und manche einstmals große Liebe wird im Lauf der Jahre ganz klein oder löst sich in Nichts auf. Autsch!
Die wirklich große Liebe bedeutet – dir selbst und anderen gegenüber –

- tiefe Zuneigung und Verbundenheit,
- Wertschätzung,
- Mitgefühl/Empathie (die Fähigkeit, Gefühle wahrzunehmen, zu verstehen und zu respektieren).

Die wirklich große Liebe führt zu

- Hilfsbereitschaft und Großzügigkeit,
- Freundlichkeit und Fürsorglichkeit,
- körperlicher und emotionaler Zartheit.

Voraussetzung für deine Liebesfähigkeit ist

- richtige und gute Selbstliebe (wenn du dich selbst nicht leiden kannst, kannst du auch andere nicht lieben),
- eine liebevolle und fürsorgliche Verbindung mit deinem Inneren Kind.

Diese ganzen Liebesaspekte kannst du jetzt üben. Und dadurch liebenswert in vielerlei Hinsicht werden.

Auch wenn es unromantisch klingt: Wie alle Gefühle und Fähigkeiten sitzt die Liebe im Gehirn. Und das ist gut so. Denn dank der neuronalen Plastizität*, ein wenig Neuro-Wissen und ein paar BODY 2 BRAIN Übungen kannst du Großmeister in Sachen Liebe werden.

* Neuronale Plastizität: Veränderungsfähigkeit von Nervenzellen und Gehirnbereichen zur Optimierung ihrer Funktion

Wo die Liebe zu Hause ist

Liebesfähigkeit und Liebenswürdigkeit dir selbst und deinen Mitmenschen gegenüber kannst du gezielt trainieren.
Zahlreiche Spielarten der Liebe sitzen an unterschiedlichen Stellen im Großhirn. Die jeweiligen Gefühle dazu entstehen im Zwischenhirn, dort werden auch die meisten »Liebeshormone« und Neurotransmitter produziert:

- Dopamin: **für die Glücksgefühle und die Motivation**
- Vasopressin: **für die Bindung als Paar oder Freunde**
- Oxytocin: **für Vertrauen und Treue**
- Endorphin: **für Wohlbefinden**

Diese Neurotransmitter steuern viele Funktionen in deinem Gehirn. Die gezielte Auswahl bleibt dir überlassen!

Was du noch über die Liebe wissen solltest

Ein Leben ohne Liebe ist eine emotionale Wüste. Und eine Wüste bedeutet bekanntlich Verhungern und Verdursten.

Kleine Liebestöter

Da fallen dir alte Socken im Bett oder hässliche Unterwäsche ein? Der Alltag hält hinter jeder Ecke Schlimmeres bereit:

- Unfreundlichkeit und Grobheit, dir selbst oder anderen gegenüber,
- der böse Blick oder gar kein Augenkontakt,
- noch schlimmer: Schweigen oder Beleidigungen – ganz schlimm (und übrigens: Hast du dich nicht selbst manchmal schon einen Idioten oder »voll blöd« genannt?).

Das Schlimmste dabei: Mit solch einem Verhalten machst du dich selbst gefühlsmäßig und gesundheitlich kaputt, produzierst jede Menge Hormone aus der Kategorie Giftküche, womit du dein Gehirn und somit dein Denken, Handeln und dein Leben ruinierst.

Sich selbst und andere nicht leiden können macht unliebenswert.

Große Liebestöter – Achtung: Lebensgefahr!

Die dunklen Seiten der Liebe und die absolute Liebesfinsternis sind:

- Narzissmus – diese fiese Selbstliebe kennt nur sich selbst.
- Eifersucht – die quälende Angst, nicht so liebenswert und begehrenswert zu sein wie andere und ewiger Liebesverlierer zu sein.
- Neid – anderen nichts Gutes gönnen können.
- Hass und Rache – andere fertigmachen wollen. Die dabei entstehenden Stresshormone machen nur den Rächer selbst fertig – Rache ist gar nicht süß.
- Liebesbesessenheit und Stalking: Diese gedanklichen Verbohrtheiten sind Gift für dein Gehirn, dein Lebensgefühl und dein Liebesleben. Lass das!
- Untreue und Lügen: Pfui!
- Sadismus und Masochismus: Kontrolle, Macht, Unterwerfung und Schmerz – die Liebeshölle schlechthin.

Hör auf damit! Sofort!
An gebrochenem Herzen kann man tatsächlich sterben. Das wirst du dir wohl nicht antun wollen.
Beginne mit den Übungen für Mitgefühl, Freundlichkeit und Liebe.
Bei dir. Und für dich.
Mit einem wunderbaren Folgeeffekt für deine Beziehungen.

Liebevoll sein macht liebesfähig.
Liebesfähig sein macht liebenswert.
Und das schafft Lebenswert.

Werde dein eigener Therapeut in Sachen Liebe und Selbstliebe – ohne lange Therapeutensuche und Warteliste.
Fang an! Jetzt!

Übung 1

Hände streicheln

Lege deine Handflächen aufeinander.
Und nun reibe sie zart gegeneinander.
Hin und her.
Jetzt sind die Finger dran.
Deine Fingerspitzen dürfen einander sanft berühren.
Und jetzt liebkosen deine zärtlichen Finger jeweils die Innenseite deiner anderen Hand.
Dann den Handrücken.
Bis zu den Handgelenken.
Abwechselnde liebkosende Hände.
Das geht bei vielen Gelegenheiten ganz nebenbei – sogar beim Händewaschen.
Übrigens: Vielleicht könntest du ja auch mal wieder die Hand eines geliebten Menschen streicheln?

Warum »Hände streicheln« hilft

Deine wunderbaren Hände sind eine Grundlage der Liebe: Mit ihnen kannst du Liebe spüren und Liebe geben. Das war deine allererste Liebeserfahrung bei deiner Geburt: achtsam und liebevoll berührt zu werden.

- Wenn sich deine Hände freundlich miteinander beschäftigen, werden von deren Hautnerven diese freundlichen Botschaften an dein Gehirn weitergeleitet, was zur Produktion von »Liebeshormonen« führt.
- Gleichzeitig werden deine Gedächtnisspeicher aktiviert: Dein Gehirn erinnert sich an liebevolle Berührungen von früher – vielleicht aus deiner Babyzeit – und produziert noch mehr Wohlfühl-Hormone.
- Dein Gehirn lernt wieder liebevolle Aufmerksamkeit für deinen Körper.
- Und allmählich wirst du auch andere immer freundlicher behandeln.

Achtsame und freundliche Fingerbeschäftigung lenkt dich ab von Wut und Kummer und dem Bedürfnis, aggressiv zuzuschlagen im Fall von lieblosen Verletzungen durch böse und unfreundliche Mitmenschen.

- Wenn du traurig bist oder dich verletzt und einsam fühlst: Lass deine Hände sich gegenseitig sanft berühren.
- Liebevolle Selbstbehandlung durch deine Hände wirkt schmerzlindernd bei körperlichen und seelischen Schmerzen.
- Begrüße andere Menschen bewusst mit freundlicher Hand.

Auch wenn du deine Hände »nur« eincremst: Tue es bewusst liebevoll. Selbst in diesem kleinen Augenblick realisiert dein Gehirn **Liebe.**

Übung 2

Sich hin- und herwiegen

Auch das ist eine einfache Nebenbei-Übung.
Stehe etwas breitbeinig (denn sonst wird es nur ein Hin- und Herwanken).
Verlagere nun dein Körpergewicht langsam, ruhig und genussvoll von der rechten auf die linke Seite.
Und von der linken auf die rechte Seite.
Wiege dich hin und her.
Und hin und her.
Mindestens 30 Sekunden lang.
Besser wäre eine Minute.

Immer wenn du ungeduldig wirst (dann wirst du unfreundlich und auch empfindlich gegen Unfreundlichkeiten anderer Menschen):
Wiege dich langsam und sanft hin und her.

Im Sitzen geht das auch.
Und besonders in einer Warteschlange.
Eigentlich bei jeder Gelegenheit,
in der du freundlich und ausgeglichen sein und auch bleiben möchtest.

Eine sanfte Hin-und-Her-Bewegung ist ein uraltes Liebes-Bewegungsmuster.
Schon immer haben liebevolle Mütter damit ihr Kind getröstet und beruhigt. Und auch als Erwachsene nehmen wir einander mitfühlend in den Arm und wiegen uns hin und her, wenn wir Trost brauchen.

- Die Bewegung wird von deinem Groß- und deinem Kleinhirn koordiniert und führt zu einem Wohlfühlmodus im Zwischenhirn. Das kann die Produktion von Endorphinen anregen, die schmerzlindernd und damit tröstlich wirken.

Warum »Sich hin- und herwiegen« hilft

- Dein Gehirn aktiviert durch die Bewegung hilfreiche Trost-Erinnerungen.
- Dadurch wirst du friedlicher und freundlicher.

Das werden auch deine Mitmenschen normalerweise mit mehr Freundlichkeit und Liebenswürdigkeit beantworten. Und vielleicht sogar Aliens.
Das Rechts-Links-Muster ist auch die Technik von EMDR (bilateralem Stimulieren) in der Traumatherapie.

Wiege dich also hin und her, statt zu explodieren und dich oder andere zu verletzen.
Verstärke den Effekt durch ruhiges Atmen und ein (inneres) Lächeln.

Übung 3

Augen leuchten

Noch so eine lebenswichtige Alltags-Liebes-Übung.
Lass deine Augen leuchten.
Lass deine Augen strahlen.
Stell dir vor, du bist total verliebt, total glücklich.

Stell dir vor, du hast etwas Wunderbares gesehen.
Lass deine Augen leuchten, was das Zeug hält.
Du kannst es mal vor dem Spiegel ausprobieren.
Schau dich mit leuchtenden Augen an.
Jetzt gleich!
Und noch mal! Liebevolles Leuchtfeuer!
Das wird dein Herz erwärmen.
Schau auch andere Menschen so an!
Und auch tagsüber, immer wieder mal: Schau in deine Hand, benutze sie wie einen kleinen imaginären Handspiegel – liebevoller Blick und leuchtende Augen.
Und dann: Rundblick mit leuchtenden Augen in die Welt!

Liebevoller Blickkontakt mit leuchtenden Augen geht immer!

Warum »Augen leuchten« hilft

Leuchtende Augen und ein liebevoller Blick – das war, wenn du Glück hattest, eines der ersten und stärksten Liebeserlebnisse in deinem Leben: bei deiner Geburt (aber vielleicht schon bei der Ultraschalluntersuchung, denn schon im Bauch deiner Mutter haben deine Liebes-Sensoren funktioniert). Danach hat es hoffentlich noch viele weitere leuchtende Augen-Blicke für dich gegeben.
Da die Sehnerven deiner Augen in deinem Großhirn enden, wird jede Art von Blicken sofort analysiert, an das Zwischenhirn weitergegeben und dort zu entsprechenden Gefühlen und Hormonen verarbeitet:

- Neidischer oder wütend-eiskalter Blick macht Stresshormone.
- Liebevoller und anteilnehmender Blick erzeugt Wohlfühl-Hormone.

Mit dieser Übung tust du also dir, aber auch anderen Menschen viel Gutes:

- Leuchtende Erinnerungen werden wachgerufen.
- Es entsteht liebevoller (Blick-)Kontakt zu dir selbst, unter anderem durch deine sogenannten Spiegelneuronen im Gehirn.
- Du trainierst Empathie und Nähe zu anderen Menschen.
- Du schaffst für dich und andere ein Gefühl von emotionaler Geborgenheit.

Sich wertschätzend anzuschauen, führt nicht zwangsläufig zu einer narzisstischen Störung oder krankhafter Eitelkeit – vorausgesetzt, du gönnst auch anderen Menschen einen anerkennenden Blick.
Leuchtende Augen sind wirklich ein Feuer, das wärmt.

Übung 4

Die Lippen berühren

Alles, was du für diese einfache Übung brauchst, hast du sowieso.
Lege eine Fingerspitze (egal, welche) ganz zart auf deine Lippen.
Streiche mit dieser Fingerspitze feinfühlig die Konturen deiner Lippen entlang.
Mach in der Mitte deiner oberen Lippe eine kleine Pause:
Kleine Finger-Rast beim Lippenherz-Bereich.
Atme dabei ruhig und genussvoll ein und aus.
Mach auch bei jedem deiner Mundwinkel eine kleine zärtliche Pause.
Ziehe dabei jeden deiner Mundwinkel leicht nach oben und außen – wie zu einem Mini-Lächeln.

Berühre deine Lippen öfter am Tag achtsam und freundlich.
Ein schöner Booster-Effekt – nicht nur für deine Lippen, sondern auch für deine Freundlichkeit und Gelassenheit.

Warum »Die Lippen berühren« hilft

Die Lippen haben sehr viel mit Liebe zu tun. Deine Lippen werden von zahlreichen Nerven für Beweglichkeit und vor allem für den Tastsinn versorgt. Dadurch sind deine Lippen sehr sensibel und klug: Sie reagieren auf Berührungen, auf Wärme und Kälte und können Gegenstände erkennen. Als Baby hast du mit deinen Lippen viele interessante Erfahrungen gemacht und vieles gelernt.

Deinen ersten Kuss verdankst du übrigens auch deinen Lippen. Nicht umsonst wird die obere Grenze des Lippenrots mit der geschwungenen Einbuchtung Amorbogen oder Lippenherz genannt.

Das freundliche Berühren deiner Lippen

- lässt in deinem Gehirn gute Erinnerungen aufblühen,
- gibt über Nervenleitungen ein freundliches Signal an die emotionalen Zentren des Gehirns, wodurch »Liebeshormone« entstehen,
- führt durch die Muskelentspannung im Lippenbereich auch zu gedanklicher Entspannung im Großhirn,
- macht dich sanfter und mitfühlender – mit dir selbst und deiner Umwelt,
- verhindert Schreien und Weinen und schützt dich vor emotionalen Verletzungen.

Und in Verbindung mit ruhigem Atmen und einem Lächeln: Das macht freundliche Gelassenheit statt zusammengekniffener Verbitterungslippe!

Übung 5

Die Faust öffnen

Eine sehr hilfreiche Nebenbei-Übung.
Atme tief ein.
Balle dabei beide Hände zu Fäusten.
Ganz, ganz fest.
Packe alle Wut und allen Frust in deine Fäuste hinein.
Drücke zu, als wolltest du alles zerquetschen. Noch ein wenig fester, sodass es fast schon schmerzt.
Und nun atme langsam und genussvoll aus.
Öffne dabei – Handflächen nach oben – genauso langsam und genussvoll deine beiden Hände.
Lass jetzt alles los, was du gedanklich in deinen Fäusten hattest.
Lass deine Finger, deine Sehnen, die Muskeln sich genussvoll entfalten und entspannen.
Aaaah!
Lass diese Entspannung sich in deinem ganzen Körper ausbreiten.

Mache die Übung mindestens dreimal.
Sie ist eine ausgezeichnete Prophylaxe gegen das Broken-Heart-Syndrom (eine besondere Form des Herzinfarkts durch starke emotionale Belastung).

Warum »Die Faust öffnen« hilft

Mit dieser Übung tust du dir viel Gutes. Dein Gehirn assoziiert das langsame Öffnen deiner Hände mit der Handfläche nach oben mit Leichtigkeit und geistiger Aufgeschlossenheit: eine wichtige Voraussetzung für freundliche Gedanken und Liebesfähigkeit. Und die körperlich wahrgenommene Veränderung von der harten Faust zur offenen Hand hilft über Neuronenverschaltungen deinem Gehirn beim Lernen und Üben,

- Wut und Hass loszulassen,
- auf Rache zu verzichten,
- Vergebung zu praktizieren,

als eine der Grundlagen, um (weiter) lieben zu können.
Die muskuläre Entspannung deiner Hand hat auch eine Fernwirkung auf deinen Herzmuskel: Auch er kann lernen, sich zu entspannen, statt vor Liebeskummer komplett auszurasten bis hin zur Herzattacke.
Es gibt viele Gelegenheiten für diese Übung: vergangene Kränkungen, die dich nicht ruhen lassen; aktuelles Liebesleid, das dich zu (selbst-)destruktiven Gedanken verführt; kleine Fehler, große Dummheiten:

- Öffne die Faust, atme aus.
- Du wirst in dir große Erleichterung und großen Frieden spüren.
- Denn du übst die wichtige Fähigkeit der Vergebung – dir selbst gegenüber, aber auch anderen Menschen gegenüber.
- Du bleibst im Liebe-Modus und gesund.

Übung 6

Lächeln

Das tust du vielleicht schon die ganze Zeit während der Übungen: Lächeln.
Zumindest sollte es dir jetzt leichtfallen: Lächeln.
Zur Erinnerung: Dazu musst du deine Mundwinkel ein klein wenig nach außen und nach oben bewegen.
Na also – geht doch.
Gleich noch mal: Mundwinkel ein wenig nach außen.
Und dann eine schöne kleine Aufwärtsbewegung.
Bis zu den Augenwinkeln.
Denn auch die Augen lächeln gerne mit.
Mit Lächeln solltest du morgens beginnen:
Lächle dich im Spiegel an.
Und bevor du deine Wohnung verlässt:
Lächle noch mal!
Und wenn dir jemand begegnet: Lächle.
Und falls du einem Alien begegnet bist:
Ein inneres Lächeln solltest du dir in jedem Fall erhalten.
Lächle dir zuliebe.
Übrigens: Lächeln ist ansteckend.
Und ein kleines inneres Lächeln bewirkt bereits Freundlichkeits-Wunder.
Überall auf der Welt.

Lächeln konntest du schon als Baby. Wenn du einen lieben Menschen erkannt hast, hast du gelächelt. Und wenn dich jemand angelächelt hat, hast du zurückgelächelt – eine frühe Fähigkeit deines Gehirns dank seiner Spiegelneuronen.
Beim Lächeln sind wieder zahlreiche Muskeln deines Gesichts beteiligt, deren Nervenendigungen entsprechende Botschaften an dein Gehirn vermitteln.

- Lächeln ist ein Freundschafts- und Liebeszeichen.
- Lächeln ist ein Friedenszeichen.
- Beim Lächeln werden Endorphine produziert, die körperliche und seelische Schmerzen verringern und dein Wohlbefinden steigern.
- Diese guten Auswirkungen des Lächelns werden im ganzen Körper wahrgenommen.
- Jetzt werden die Spiegelneuronen in deinem Gehirn aktiv und bewirken eine Lächel-Infektion.

Noch etwas besonders Wichtiges:

Dein Lächeln kann dich trösten und stärken, wenn du dich allein und fremd fühlst. Lächle – es wird dir guttun und dein Gegenüber vielleicht auch zum Lächeln bringen. Manche Feindschaft und manche Herzenskälte kann dadurch schmelzen wie Eis in der Sonne.

Übung 7

Das Herz berühren

Das ist kinderleicht.
Wir machen es oft ganz unbewusst sowieso.
Lege deine Hand sanft auf dein Herz (die linke Brusthälfte – normalerweise).
Einfach so.
Spüre die Wärme deiner Haut.
Vielleicht kannst du auch deinen Herzschlag spüren.
Lass deine Hand freundlich über deinem Herz liegen.
Und jetzt lass die beiden ein wenig miteinander kommunizieren.
Einander spüren.
Atme dabei ruhig und regelmäßig.
Du kannst auch ganz zart mit deiner Hand über deine Herzgegend streichen.

Stärke dein Herz mindestens dreimal täglich mit einer kleinen Streicheleinheit.
Lächle dabei bitte ein wenig.

Warum »Das Herz berühren« hilft

Wenn du deine Hand freundlich auf deine Herzgegend legst, löst du damit einen Tsunami an guten Wirkungen aus.
Jede freundliche Berührung der Haut über dem Herz wird von den Hautnerven sofort dem Gehirn gemeldet. Dies löst im Zwischenhirn Wohlbefinden aus und führt zur Produktion antidepressiver Hormone sowie zu schmerzlindernden und beglückenden Neurotransmittern. Die stimmen dich automatisch freundlicher dir selbst gegenüber sowie gegenüber deiner Umwelt.
Aber das Allerwichtigste: Du berührst dabei einen besonders wichtigen Hirnnerven, den Nervus vagus. Er wandert durch deinen ganzen Körper und versorgt dein Herz mit einem ruhigen Herzschlag. Denn er kommt aus dem Hirnstamm, dem Zentrum für lebenswichtige Funktionen wie Blutdruck, Atmung und Herzfrequenz.

Körperliche und emotionale Achtsamkeit für dein Herz stärkt deine Gesundheit, aber auch deine Freundlichkeit und Liebesfähigkeit.

»Das Herz berühren« macht dich auf alle Fälle

- beherzter,
- vertrauensvoller in dich und die Welt,
- freundlicher,
- liebevoller,
- widerstandsfähiger gegen Liebesleid oder ein gebrochenes Herz.

Und dabei Lächeln – das ist wie immer ein wunderbarer Verstärker.

Übung 8

Küssen

Das weißt du aber schon noch,
wie das geht: Küssen.
Gerade niemand zum Küssen da?
Na, du bist da!
Los geht's: Die Lippen spitzen und nun
mit sanftem Schwung öffnen: Kuss!
Mach dabei ein kleines, freundliches
Geräusch: Kuss!
Einfach mal so – in die Luft.
Jetzt mal auf deinen Handrücken:
Handkuss – Ehrerbietung.
Auf deinen Unterarm: Freundlichkeit
und Trost.
In den Spiegel: liebevolle Begrüßung und
Anerkennung.
Besonders morgens, statt sich unzufrieden
anzustarren.
Und tagsüber, falls du vielen unfreundlichen
Menschen begegnet bist und nicht davon
krank werden möchtest.

Ein kleiner Kuss für dich selbst –
wie ein Schmetterling.
Oder auch mal ein dicker Kuss!
Für dich.
Oder für deinen Schatz.

Küssen ist in vielerlei Hinsicht gesund. Untersuchungen haben gezeigt, dass – liebevolle – Küsse das Herz und das Immunsystem stärken. Je nach Intensität werden dabei zahlreiche Hormone gebildet, der Herzschlag beschleunigt sich, der Blutdruck steigt etwas – und alles in einer Dosierung, die gesund ist.
Das ist natürlich etwas ganz anderes als vor Wut oder Hass oder Kummer zusammengepresste Lippen, die ihre ganze Anspannung an das Gehirn weitergeben, das sich genauso verspannt und zu keinem liebevollen Gedanken oder Handeln mehr fähig ist.
Bis zu 34 Gesichtsmuskeln werden beim Küssen aktiviert! Das ist ein wirkliches Fitnessprogramm – auch für die Liebe.

- Botschaften werden zwischen den Kuss-Muskeln und deinem Gehirn ausgetauscht.
- Schöne Erinnerungen werden wachgerufen.
- Freundliche und liebevolle Gefühle sowie entsprechende Hormone entstehen.
- Deine körperliche und emotionale Liebesfähigkeit wird gestärkt.

Ein Kuss ist immer eine Liebesgabe: Dein Mund und deine Lippen öffnen sich ein wenig mit einer nach außen gerichteten Muskelbewegung.
Übrigens: Meeresbiologen behaupten, dass sich sogar Korallen küssen!
Deshalb jetzt gleich noch mal: Einen kleinen Kuss in die Luft und ihn auf die Reise schicken! Er wird schon ein schönes Ziel finden.

Übung 9

Die Welt umarmen

Was sich schwierig anhört, ist oft ziemlich einfach.
Atme tief ein und breite dabei deine Arme aus.
Und nun atme langsam aus und schließe deine Arme dabei zu einem schönen Kreis.
So, als würdest du die große Weltkugel umarmen.
Drücke sie dabei in Gedanken sanft an deine Brust.
Und gleich noch einmal: Atme tief ein.
Aaaaah.
Öffne dabei deine Arme weit.
Und nun aaaatme saaaanft und laaaange aus.
Deine Arme formen dabei ein schönes Rund.
Und gleich noch einmal: eine Bewegung der Umarmung.

Diese Übung kannst du im Stehen, im Sitzen und auch im Liegen machen – also praktisch immer, wenn du Ruhe und Harmonie brauchst.

Warum »Die Welt umarmen« hilft

Umarmen ist eine großartige Bewegung, mit der du deinem Gehirn und deinen Gefühlen viel Freude machst.
Durch das Öffnen der Arme, verbunden mit dem Einatmen, weitet sich automatisch dein Brustkorb, und deine Wirbelsäule richtet sich auf: eine hilfreiche Haltung gegen Traurigkeit und Verzagtheit. Und wenn du tief einatmest, kannst du nicht weinen und nicht jammern, das ist immer gut gegen Liebes- und sonstigen Kummer.
Das sanfte Ausatmen zusammen mit der Kreisform deiner Arme verhilft dir zu einem Gefühl von Verbundenheit und Frieden. Der Kreis ist ein uraltes Symbol für innere Sammlung, aber auch Schutz gegen Dämonen (wie Einsamkeit, Lieblosigkeit oder Hass).
Von den motorischen Bereichen deines Großhirns werden andere Bereiche deines Gehirns sofort zu diesen Bildern angeregt und vielleicht auch zu schönen Erinnerungen an eine frühere Umarmung. Und natürlich entsteht im Zwischenhirn das passende Gefühl dazu: Freundlichkeit und Liebe – zu dir, zu den Menschen, zur Welt.

- Die dabei produzierten Hormone geben dir das Gefühl, ein wertvoller Teil in einer guten Welt zu sein.
- Wenn du die Welt umarmst, umarmst du dabei dich selbst.
- Die Übung ist besonders wichtig, wenn gerade niemand freundlich zu dir ist.

Übung 10

Nacken und Schläfen streicheln

Mmmhh!
Das ist eine feine Sache: deinen Nacken und deine Schläfen streicheln.
Ganz zart.
Mit feinen, kreisenden Bewegungen.
Mit feinen Streichbewegungen.
Mit den Fingerspitzen.
Mmmhh!
Streichle deinen Nacken und deine Schläfen mit Fingerspitzengefühl.
Mit Liebe eben.
Und auch mal rechts und links im Wechsel (EMDR-Effekt).
Mmmhh!

Warum »Nacken und Schläfen streicheln« hilft

Diese kleine Übung ist so wirkungsvoll und nachhaltig!
Beim achtsamen und freundlichen Streicheln deines Nackens stimulierst du mehrere Nerven in diesem Bereich, unter anderem wieder deinen wichtigen Nervus vagus. Das bedeutet, dass die freundliche Information nicht nur dem Gehirn zugeleitet wird, sondern auch dem Herzen, dem Magen und den Bauchorganen zur Verfügung gestellt wird mit entsprechender beruhigender Wirkung. Im Gehirn werden zusätzlich passende Wohlfühl-Hormone produziert. Kein Wunder, dass Nackenmassagen so gefragt sind.
Und das Streicheln deiner Schläfen ist ganz wichtig. Denn in den dahinter liegenden Gehirnregionen sitzt die Steuerungszentrale für Mitgefühl. Krankhafte Narzissten haben an dieser Stelle tatsächlich »weniger Hirn« – ihre Nervenzellenschicht ist an dieser Stelle dünner.
Du kannst also mit dieser freundlichen Außenberührung, die natürlich in die Empathieregion deines Gehirns weitergeleitet wird, dein Mitgefühl aufmöbeln.

Mitgefühl mit dir selbst und mit anderen ist eine der wichtigen Voraussetzungen für gute Liebe. Mit Gefühl macht Mitgefühl.

- Schenke dir täglich kleine Massagen für Nacken und Schläfen.
- Das ist ein Freundlichkeitstraining für dein Gehirn und somit für dein Verhalten.
- Das bedeutet weniger Kopfschmerzen durch weniger Kopfzerbrechen über Unfreundlichkeiten und Kränkungen.

Übung 11

Auswerfen

Auswerfen???
Was das sein soll?
Bewege deine Arme mit Schwung abwechselnd nach außen und zur Seite. Rechts und links im Wechsel.
So, als wolltest du Kornsamen aussäen.

So, als wolltest du ein Fischernetz auswerfen.
Rechter Arm mit schönem Schwung nach außen.
Und jetzt linker Arm mit ebenso schönem Schwung nach außen.
Atme dabei jeweils sanft und langsam aus.
Überlege dabei, bei welcher Gelegenheit und zu wem du demnächst großzügiger sein wirst.
Oder nachsichtiger.
Oder toleranter.
Auswerfen geht im Sitzen und im Stehen.
Und auch im Gehen.
Und selbst im Liegen.
Eine Geste der Großzügigkeit geht immer.

Die Übung bewegt deinen Arm, dehnt deinen Brustkorb und richtet deine Wirbelsäule auf. Diese Körperbewegung und Körperhaltung wird von deinem Großhirn nicht nur koordiniert, sondern auch bewertet und interpretiert:

- Weiter Brustkorb bedeutet weites Herz und Großzügigkeit.
- Bewegter Arm nach außen bedeutet Geben und Hingabe.
- Aufrechte Wirbelsäule bedeutet Aufrichtigkeit und Zuverlässigkeit.

Alles Eigenschaften, die Kennzeichen einer großen und echten Liebe sind und uns liebenswert machen.
Das wiederum führt in deinem Zwischenhirn zu guten Gefühlen – neben liebevollen Gefühlen auch zu Freude und gutem Stolz und entsprechenden Hormonen und Neurotransmittern.
Und durch den abwechselnden Rechts-links-Rhythmus entsteht ein EMDR-Effekt, der eine Verstärkung und Verankerung deiner großzügigen Einstellung in deinem Gehirn bewirkt.

Wahre Liebe hat immer mit Großzügigkeit zu tun.
Denn liebevolle Menschen sind reich und können es sich leisten, davon etwas weiterzureichen.

Übung 12

Im Gleichschritt gehen

Für diese Übung brauchst du einen Mitspieler.
Im Idealfall einen lieben Menschen, den du kennst – und der auf Gleichschritt neugierig ist.
Bitte ihn, in seiner Gangart loszugehen.
Schau zu, sei achtsam und beginne, genauso mitzugehen.
Deine Füße, deine Beine, dein Körper werden zu aufmerksamen Teamplayern.
Schön im Gleichschritt.
Gleicher Rhythmus.
Schöne Resonanz.
Nun wechselt die Rollen.
Deine Gangart. Kurze Schritte, lange Schritte. Dein Rhythmus.
Gemeinsamer Rhythmus.
Gleichschritt schafft eine freundliche Verbindung zwischen euch beiden.
Ansonsten kannst du diese Übung auch mit einer Ente machen oder einer Katze oder …
Spaß beiseite: Kinder würden sofort zustimmen. Also lass auch dein Inneres Kind mit einem ausgefallenen Wesen Gleichschritt spielen.

Warum »Im Gleichschritt gehen« hilft

Eine alte Indianerweisheit sagt: Wer einen Mond lang in den Mokassins eines anderen geht, hat ihn verstanden.
Wenn du mit deinen Beinen und deinen Füßen aufmerksam einen anderen Menschen begleitest, wird über Nervenbahnen dein Großhirn über diese Erlebnisse informiert. Und diese Information wird zum Erkennen und Verstehen der anderen Person verarbeitet. Genau das ist ein Merkmal von Mitgefühl und Empathie: auf einen anderen Menschen mit Verstand und Gefühl eingehen.
Gehe öfter im Gleichschritt mit anderen Menschen, denen du vertrauen kannst.

- Dein Vertrauen wird dadurch gestärkt.
- Deine Liebesfähigkeit auch.
- Und deine Empathiefähigkeit sowieso.
- Die Erinnerung an so ein schönes Erlebnis wird dich trösten und stärken in Situationen, in denen du dich sonst einsam und fremd fühlen würdest.
- Getanzter Gleichschritt macht Beziehung doppelt schön.
- Sogar dein Herzschlag wird davon berührt.

Durch wertschätzende Achtsamkeit entsteht Vertrauen zueinander.
Gemeinsame Körper-Bewegung schafft eine gemeinsame Gefühlsebene.
Dieses schöne Gefühl führt zur Ausschüttung des Hormons Oxytocin, welches dein Gefühl der Verbundenheit mit den Menschen und der Welt stärkt.

Noch ein bisschen wissenschaftliche Liebe(s)-Info

Das Hormon Oxytocin wird bei angenehmen Körperkontakten wie Umarmungen und Zärtlichkeiten sowie Massagen ausgeschüttet, ebenso beim Singen. Forschungen deuten darauf hin, dass Oxytocin durch angenehme Sinneswahrnehmungen wie Berührungen und Wärme, durch Nahrungsaufnahme sowie durch Geruchs-, Klang- und Lichtstimulation freigesetzt und trainiert werden kann.
Deshalb noch ein paar Liebestipps und ein bisschen Liebestraining – denn davon kann man nie zu viel haben:

- Sammle gute Erinnerungen.
- Schau dich nach Schönheit um.
- Tue Gutes und sei hilfsbereit.
- Singe – am besten Liebeslieder.
- Meditiere.
- Führe liebevolle (Selbst-)Gespräche.
- Lobe ausreichend und aufrichtig – dich und andere.
- Verbringe Zeit mit dir und anderen.
- Mache gelegentlich kleine Geschenke, die von Herzen kommen.
- Iss eine warme Suppe oder trinke einen warmen Tee.
- Sei zärtlich – mit Worten, Blicken und Berührung.

Metta-Meditation
Lege deine Hand auf deine Herzgegend.
Atme ruhig und regelmäßig.
Sprich die Worte – laut oder in Gedanken:

- Möge ich sicher sein.
- Möge ich gesund sein.
- Möge ich in Frieden leben.
- Möge ich freundlich zu mir selbst sein.
- Möge ich mich annehmen, wie ich bin.

Liebevoller Abschied

Wenn auf der Erde die Liebe herrschte,
wären alle Gesetze entbehrlich.
ARISTOTELES

Dieses kleine Buch wurde mit Herz und Verstand für dich und dein Wohlergehen geschrieben. Mach etwas Schönes daraus: Selbstachtung und Selbstliebe, Menschenliebe und Liebe für die Erde, auf der du lebst.

Liebevolle Gedanken und vier Gute-Laune-Schafe begleiten dich dabei.
Alles Liebe für dich!

Vergiss nie: Liebe ist ein Lebenselement. Warte nicht auf sie, sondern zünde selbst ein Liebes-Licht an und reiche es weiter.

Liebe in unsicheren Zeiten: Tipps zu Embodiment, Liebe und Mitgefühl

Dein Körper ist dein treuester Freund und deine einzige wirkliche Heimat. Deshalb: Sei liebevoll mit ihm. Das ist ein gutes Gegenmittel gegen Einsamkeit, Angst, Verbitterung und Wut. Der wertschätzende Umgang mit dir selbst – körperlich und emotional – wird dir durch persönliche, aber auch gesellschaftliche Krisen helfen.
Deine Gedanken und deine Gefühle werden zu deinen Handlungen, und deine Handlungen werden deinen Lebensweg beeinflussen.

Übe dich in Liebe!
Du kannst eine Lichtgestalt sein.

- Je mehr du liebevolle Gefühle pflegst, desto mehr wird sich in deinem zentralen Nervensystem eine stabile Lebenshaltung entwickeln.
- Selbstliebe und Menschenliebe machen dich stark.
- Andere Menschen werden dich dafür schätzen und achten.

Henderson, Julie: *Die Erweckung des Inneren Geliebten. Ein praktisches Arbeitsbuch der Energielenkung allein und zu zweit,* AJZ Druck & Verlag

Singer, Tania; Ricard, Matthieu: *Mitgefühl in der Wirtschaft. Ein bahnbrechender Forschungsbericht,* Albrecht Knaus

BODY 2 BRAIN CCM® ist eine eingetragene und geschützte Marke. Eine wie auch immer geartete nicht private Nutzung bedarf ausdrücklich der vorherigen Zustimmung der Autorin (www.croos-mueller.de).
Die Methode und die in diesem Buch vorgestellten Übungen können kein Ersatz für Diagnostik oder eventuell notwendige Therapien bei schweren Erkrankungen sein, sondern sind zur Ergänzung und Unterstützung in belastenden Lebenssituationen – auch bei physischen und psychischen Erkrankungen – gedacht. Sie dienen der Alltagsbewältigung und als vorbeugende Maßnahme im Sinne einer »Psychohygiene« und Selbstfürsorge, die jede Frau und jeder Mann in irgendeiner Form regelmäßig praktizieren sollte.
BODY 2 BRAIN CCM® wird von vielen Menschen und Institutionen nutzbringend angewandt.

Ausgewählte Übungen für schwierige emotionale Momente in der kostenlosen App »Body2Brain«.

Weitere BODY 2 BRAIN Infos, Impulse und Erinnerungen jeden Monat auf www.croos-mueller.de

Liebevoller Dank

- natürlich dem liebevollen Ehemann Wilfried Müller,
- allen Freundinnen und Freunden,
- allen freundlichen Begegnungen und Inspirationen,
- dem Kösel-Team
- und überhaupt der ganzen Welt.

Zur Autorin

© Beatrix Heiloway

Dr. med. Claudia Croos-Müller ist Fachärztin für Neurologie, Nervenheilkunde und Psychotherapie in eigener Praxis und ehem. Chefärztin am RoMed Klinikum Rosenheim. Sie ist Europa-zertifizierte EMDR-Therapeutin und Traumatherapeutin. Die von ihr entwickelte BODY 2 BRAIN CCM® Methode beinhaltet einfach erlernbare Körperübungen, die zu einer sofort spürbaren emotionalen Regulierung und Stabilisierung führen. Die Liebe zur Neurowissenschaft und ihren Patientinnen und Patienten waren der Beginn dieses Weges. Die Autorin beschreibt sich als Menschenfreundin und wünscht sich psychomentale Gesundheit für alle.

Liebe macht fröhlich.
Die Autorin und ihr Ehemann.

Zum Illustrator

© Andrea Köhler

Kai Pannen studierte Malerei und Film in Köln. Seit 1990 arbeitet er als Illustrator und Trickfilmer. Ein Schwerpunkt seiner Tätigkeit ist die Buchillustration. Für den Kösel-Verlag zeichnete er u. a. sämtliche »kleinen Überlebensbücher« von Dr. Claudia Croos-Müller und *Olga*, welches unter seiner Regie als Trickfilm umgesetzt wurde. Kai Pannen lebt und liebt in Hamburg. www.kaipannen.de

Alle BODY 2 BRAIN-Bücher für dich

MIX
Papier | Fördert gute Waldnutzung
FSC® C011124

Penguin Random House Verlagsgruppe FSC® N001967

6. Auflage 2024

Umschlag: Weiss Werkstatt München
Umschlagmotiv und Illustrationen: Kai Pannen, Hamburg, www.kaipannen.de
Layout und Satz: Nadine Clemens, München
Druck und Bindung: Mohn Media GmbH, Gütersloh
Printed in Germany
ISBN 978-3-466-34650-9
www.koesel.de